DISCAPACITADA, SÍ... ¡INVÁLIDA JAMÁS!

FAMILIA
ADVERSIDADES
INCLUSION
VICTORIAS COTIDIANAS
DEPRESION

DISCAPACITADA, SÍ... ¡INVÁLIDA JAMÁS!

FAMILIA

ADVERSIDADES

INCLUSION

VICTORIAS COTIDIANAS

DEPRESION

María Gabriela Suarez

CONTENIDO

Preámbulo

Mamacita, Juanita Olvera:

Muchas gracias por elegirme, porque a pesar de que también te he decepcionado, jamás me has dejado, aunque gente mala y mezquina nos haya por momentos separado y alejado, DIOS NO LO PERMITIÓ.

Gracias por orar por mí, desde que supiste que dentro de ti, me hallaba. Por buscarme, cuando me perdí ,en todo momento.

Y alentarme pare salir adelante en cualquier intento.

Gracias por ser mi luz ,cuando me siega la desesperanza, por levantarme con tus brazos para seguir y volar, cada vez que se han roto mis alas, por aceptarme tal cual soy, desde el principio con todo lo que ello implicaba y sigue implicando.

PORQUE DESPUÉS DE DIOS Y DE SU MADRE SANTÍSIMA, LA VIRGEN MARÍA, NADIE ME HA

AMADO EN ESTE RECHONCHO Y PROFANO MUNDO, MÁS QUE TÚ.

Gracias también por mandar a Shangay y Sumatra (sin boleto de regreso y con pasaje todo incluido para Él y su progenitora) al médico que amablemente se ofreció para hacerse cargo del producto, como me llamó, ya que yo por ser prematura, te traería problemas innecesarios, más tú con la firmeza que te caracteriza y hace única le dijiste al susodicho que en primer lugar se hiciera cargo de su muy desgastada madre, del mismo modo en que él pretendía hacerlo conmigo, y cuando esto se diera con ella (su madre) entonces podría decirte ,cómo disponer de mi vida.

Sé que te costó mucho trabajo, No tengo idea de cuántas lágrimas lloraste y has llorado, pero muchas gracias por tirarlo de a loco y no haberle hecho caso.

PAPITO:

DOCTOR: FRANCISCO EDUARDO SUÁREZ MENDOZA.

Sé que llegué de improviso y trastoqué tu vida espero haya sido para bien y te pido perdón, si el resultado fue contrario, ten por seguro que eres ha sido y serás el mejor papá del mundo.

Gracias por haberme hecho La niña de tus ojos Y aunque muchos sigan vomitando su envidia y coraje, gracias por levantarme siempre en tus brazos cuando lo necesité, para mirar el mundo desde lo alto, Gracias por enseñarme lo que es el estudio, Gracias por trabajar con tanto amor Y tanto ahínco para nosotros y por nosotros, hasta literalmente dejar tu corazón en ello.

Gracias por todo lo que hiciste, con lo que tenías, con lo que sabías, con lo mejor que pudiste hacerlo, no eras perfecto pero te repito sí eres el mejor papá del mundo.

Gracias papá y mamá por ser los mejores padres que Dios hizo para mí, porque a pesar de haberse separado, siempre hicieron un solo frente para defender a sus hijos y cuidarlos lo mejor que pudieron.

Gracias nuevamente por ser cómo son, únicos e irrepetibles, los mejores padres del mundo.

Mamá, si la vida tiene algún olor huele a ti y me sabe a tus besos y si conozco a Dios es, porque lo vi a través de tus ojos....

GRACIAS POR SER MIS PAPÁS.

SU HIJA, SU GORDITA, SU CHUEQUITA:

MARÍA GABRIELA.

1: ¿Quién soy? y la razón por la cual escribo este libro

Me presento, me llamo María Gabriela Suárez Olvera soy una mujer con discapacidad motriz en sus miembros inferiores, (o sea de la cintura para abajo)

Debido a que nací a los 5 meses de gestación.

El diagnóstico médico no fue del todo alentador, entre otros diagnósticos está en la parálisis cerebral infantil, lo cual no percibo soy tan tonta y tan lista como cualquiera,

Con o sin discapacidad motriz.

Mi madre relata que fui declarada muerta dentro de ella y para no hacer el cuento largo me nombró María Gabriela para no partir de este plano sin ser bautizada. como es lógico, por haber nacido prematura, las complicaciones de este hecho se verían tarde o temprano

Sin embargo, aquí no puedo hacer camino al andar de manera literal como todos los demás, Pero si estoy abriendo brechas al vivir y viviendo cada respirar con mis errores y mis aciertos. Haciendo lo mejor que puedo, con las herramientas habilidades y potencialidades que poseo, de la mejor manera posible y como me dicta el corazón, aunque no estoy exenta de equivocarme. Soy tan solo alguien como tú que quiere ejercer su derecho divino a ser, a hacer y trascender, a través de un medio, que, si bien no tiene todas las respuestas, ni todas las preguntas puede acompañarte consolarte, motivarte y esperanzarte.

Porque mientras que la vida dura, lugar tiene la esperanza y está nunca muere.

Soy la tercera de cinco hermanos, tres varones y dos mujeres.

Con uno de mis hermanos comparto este reto de vida ambos nacimos prematuros y yo soy mayor que él por 11 meses.

Yo nací un 28 de diciembre de 1975. A los 5 meses de gestación.

Me desempeñó en clases de inglés, sistema presencial y virtual, manualidades y artesanías hechas por mí, así como también en ventas multinivel de productos de salud y belleza, y ahora también como escritora.

Considerándome como tal desde los 13 años, pero jamás he sido publicada esta es la primera vez.

La razón por la cual escribo este libro.

Se presentó la oportunidad de realizar un sueño anhelado desde niña, en algún momento llegué a escribir tantos poemas y pensamientos como para publicar un libro.

Sin embargo debido a circunstancias que no tiene el caso traer a la memoria. Se extraviaron papeles, ideas, palabras, ilusiones , más sin embargo prevaleció el anhelo, aún sigue de pie la esperanza.

De Dios y de ella me sostuve, en mis aciagos momentos y en los tramos del camino, también me oriente con la luz que emana de ellos, de Dios y de la esperanza , que no es otra cosa que tener fe en el futuro.

Aún así es primordial recordar que hay ley de causa y efecto ya sé que este libro requirió requiere y requerirá esfuerzo.

Sí ,aún después de publicado y puesto a la venta este libro que tienes en tus manos requerirá del esfuerzo físico al llegar a tus manos y tu interés por leerlo así tanto como requerirá del impulso para hacer que estas líneas sencillas y simples que también buscan ser amenas lleguen y trasciendan a tu corazón.

Escribo para acompañarte para amenizar el momento o subir contigo en la cuesta, cuando se presente el desasosiego, o la incertidumbre.... Para decirte que tener fe es creer en la confianza y la certeza de lo que se espera, o también con un" todo se puede". Ya sé que esta frase suena muy trillada y no es una garantía de que así sea sin embargo mientras respires, jamás debes darte por vencido tienes que resistir insistir y nunca desistir.

Te equivocarás 999 veces al igual que Tomás Alba Edison cuando inventó el foco sin embargo en el intento 100 tuvo el éxito en su propósito.

Así como tú y como todos, no por miedo a errar vas a dejar de jugar.

A ti que siendo discapacitada o discapacitado motriz, (o tienes a alguien cercano en esa situación) te has sentido con el alma en medio de una revolución , tus pensamientos, sentimientos y emociones no concuerdan, no hay congruencia entre lo uno y lo otro, todo esto te sumerge en el ojo de un huracán interno, porque a pesar de que tienes mucho que agradecer a Dios (sin importar el modo en que lo concibas y la relación que tengas con Él) a la vez es inevitable y también humano que le encargues y le cuestiones....

¿Porque ahora?, ¿porque a mí?,¿Qué carajos hago aquí?,¿Para qué estoy en esta situación?,¿Qué sigue después de esto y cómo voy a continuar así?,¿Y ahora qué voy a hacer?, entre muchas otras preguntas, que si continuamos de esta manera, no vamos a terminar, es todo un compendio de interrogantes, las cuales en apariencia no tienen solución, sin embargo, permíteme decirte, con toda seguridad y por experiencia propia, que en efecto, todas pero todas esas cuestiones tienen respuesta...

Algunas de ellas te las dará el tiempo, otras se encuentran dentro de ti mismo, continuando por las respuestas que te da el entorno, tu familia, la misma gente, y todo lo que es y representa tu vida.

Incluyendo a Dios, te puedo asegurar que todas tus preguntas serán respondidas de una manera u otra tarde o temprano...recuerda que entre el cielo y la tierra no hay nada oculto.

Lo más probable es que mientras transcurre el lapso entre una respuesta y la otra haya una infinidad de emociones y de vivencias , unas que compaginen otras , que te saquen de tu zona de confort, pero no hay ni una sola, que no te deje un grado mínimo de esperanza y de aprendizaje.

Dios Nuestro Señor es el ejemplo claro de los extremos en la vida, nació siendo Salvador y Rey y llegó al mundo para darnos alegría, sin embargo para consumar la salvación, tuvo que pasar al otro extremo, dolor, incomprensión y desesperanza.

Para Él todo el honor y toda la gloria, porque a pesar de todo y contra todo, cumplió cabalmente su misión... ¡Y helo ahí, que resucitó!

Lo que sucede es que Dios para responder tiene muchas y muy variadas maneras de hacerlo.

Depende de las circunstancia, la persona, la relación entre los involucrados, de igual manera la relación entre el interrogante y el interrogado, y un sinfín de variantes y tangentes.

Advirtiendo que la respuesta puede ser inmediata o tomarse su tiempo, la contestación usualmente llega el siguiente modo: ya sea en una dulce manifestación, que puede provenir de cualquier lado y modo de su creación, ya que te conoce y sabe lo que te gusta y reconforta, aplicando el mismo principio básico, para la acción contraria.

Con perdón de los ojos castos, ...un señor chingadazo que no sabes ni de dónde vino, ni a qué hora llegó, que duele y mucho, haciendo vibrar y mover tu alma desde su centro para que despiertes y no te aletargues con la tranquilidad que te obsequian las grandes bendiciones, que el Creador te da, y que muchas veces no valoras, al considerar que no hay razón o motivo por lo cual esto tenga que cambiar.

Otro motivo por el cual quise escribir este libro, es porque siempre quise ser escritora.

Esta inquietud nació por parte de mis dos abuelos el paterno y el materno.

Ambos tenían en común lo prolífico de sus familias, ambos creyentes católicos, ambos de contexto humilde y desde muy pequeños forjados en la educación autodidacta y el trabajo duro.

Ambos hombres dignos ,orgullosos y honrados, hombres cabales. Quienes desde muy pequeños como la gran mayoría de nuestros padres y abuelos tuvieron que madurar y crecer muy rápido para hacerse hombres, a los cuales el mundo no les regaló nada, todo se lo ganaron a base de su esfuerzo, de su nobleza, honradez y trabajo duro.

No son perfectos, ni de errores estuvieron exentos, sin embargo sembraron buena semilla, cuyos frutos aún nos reconfortan a nosotros, los que tratamos de seguir su ejemplo.

Por parte de mi madre, mi abuelo era de oficio zapatero, reparaba, así como elaboraba todo tipo de zapatos, siendo su especialidad el zapato bostoniano, también conocido como tipo pachuco, el cual tuvo su auge en la década de los 50s y los 60s.

Este modelo lo usaba Germán Valdés "Tin Tan", solo para hacer una referencia y ubicación.

Mi abuelo llegó a reparar infinidad de veces mis zapatos ortopédicos y los de mi hermano ya que al caminar los desgastábamos varias zonas más que de otras, él ponía mucha dedicación en este tipo de trabajos y siempre procuraba que la reparación no nos lastimara, no sé de cierto como lo hacía pero siempre daba resultado.

Hasta la fecha, no he encontrado a alguien que haga trabajos tan buenos como él y no es porque sea mi abuelo, pero en su oficio era muy digno y era el mejor.

Por parte de mi padre, mi abuelo era de oficio comerciante foráneo, esto quiere decir que se trasladaba a distintos municipios dentro del estado y también a lo largo de distintos estados de la república mexicana ofreciendo sus productos, los más usuales eran quesos y productos lácteos, sin embargo en tiempos de carestía como lo son las sequías, ofrecía artículos religiosos al menudeo rosarios ,biblias , misales, entre algunos otros artículos, ya fueran productos comestibles o artículos religiosos, algunas veces dependiendo de la necesidad y la existencia rolaba la mercancía y distribuía otro tipo de productos.

Decía que comercial era eso:

"-Buscar la manera de proveer al cliente lo que necesite a un buen precio y con calidad de atención y en el producto. Si el cliente no quedaba satisfecho y no repetía sus compras contigo no habías hecho un buen trabajo y no habías ganado bien tu dinero y por lo tanto no te alcanzaban los ingresos para tus gastos. "

Si mi abuelo pudiera ver en estos momentos la manera en que se comercia y los medios por los cuales se hace, sería muy feliz… y sin duda diría: "si en mis tiempos de juventud hubiera tenido esto me hubiera hecho rico".

De ambos, mis abuelos, grandes hombres, seres humanos nobles y resilientes, heredé la afición por escribir, mi abuelo Ramón escribía poesía, mientras que, mi abuelo Estanislao dominaba la prosa.

Manuelita y Estanislao, Ramón y Elvirita gracias por los papás tan únicos y geniales que me dieron, hicieron un excelente trabajo ,de corazón gracias.

Y también agradezco mucho a Dios que hayan sido mis abuelos. Nadie como ustedes.

Un beso por cada kilómetro que nos separa, de aquí hasta el cielo con Dios, si Él así lo dispone y lo permite, los amo mucho.

2: Niñez

Cuando todo hermoso lo ves, pero así no es.

Después de nacimiento inesperado y un tanto peculiar, ya que mi madre me ha contado diversos momentos de su alumbramiento relataré algunos detalles no todo el contexto porque no quiero saturar con muchos detalles que no vienen a caso.

Comenzaré por aquel día de mi nacimiento en el que por sugerencia del doctor queriendo que mi madre le permitiese acabar con mi existencia después de que me diera luz, esto debía ocurrir, no sin antes haberle advertido a la gestante de los riesgos y contratiempos que implicaba tener un hijo prematuro y mucho más de tan corto periodo de gestación.

El doctor cumplió con su deber, él así lo consideraba, sin embargo después del deber cumplido no hubo satisfacción ya que mi mamá con todo el coraje que la caracteriza y también en un lenguaje muy florido, del cual no puedo ser muy explícita en este libro, le expresó al Galeno algo parecido a esto:

Mi mamá reaccionando como toda una fiera y digna representante de la ciudad de León Guanajuato, expresó con singular vocabulario lo siguiente, que por cierto ustedes interpretarán de manera correcta:

Mi mamá envió de viaje al doctor y a su progenitora a dos lugares en la India de muy difícil acceso con pasaje gratis para jamás volver ya que le dijo el doctor que primero fuera a hacer lo que sugirió con su muy apreciable procreadora y una vez que él hubiera acabado y solo así podía él siquiera sugerir a mi madre qué hacer conmigo en ese momento de incertidumbre y vicisitud.

O sea que mi mamá envió al doctor junto con la mamá de este a Shangay y Sumatra dejando muy en claro que no volvieran. Yo pasé aproximadamente dos meses y medio en la incubadora hasta que alcance el peso adecuado para continuar delante de la mejor manera posible.

La mayoría de mi niñez fui una niña regordeta cachetona, todo un bomboncito con relleno cremosito, simpática ocurrente ,buena estudiante, jamás excelente, puesto que siempre tuve problemas con las matemáticas y asignaturas derivadas a ella, cómo son física, química, etcétera.

Mis asignaturas favoritas eran español e inglés también el resto, aprobaba de manera digna y óptima, me gustaba mucho la escuela y estudiar.

Mi primer acercamiento con la escritura fue a los 10 años, curiosamente recitando una poesía de Pablo Neruda, se llamaba "entre tus brazos", para un festival del día de las madres en segundo grado de primaria.

Entre 5 y 6 días después, se festejó también el día del maestro y se me ocurrió,(con la ayuda de mi papá y de mi mamá) hacer un pensamiento para los maestros, escrito por mí.

Contaba yo con 10 años de edad

Desde ese momento yo no paré de escribir, sin embargo, desafortunadamente todo aquello que escribía extrañamente terminaba extrañándose, o lo encontraba roto dentro del bote de basura.

Algunas veces , en el cuarto de estudio que mamá, había acondicionado en casa, aparecían las hojas rotas de las libretas en donde solía escribir, en otras ocasiones, los cuadernos extraviaban y no volvían a aparecer.

Llegué a tener escritas más o menos 386 poesías o pensamientos, como gusten llamarle, los cuales infortunadamente, se perdieron .

Independientemente del bullying que también lo sufrí.

Sin embargo como ya mencioné los números sus directrices, similares y yo no somos compatibles.

Y en verdad lamento mucho esto ya que por ejemplo leer música y dibujar son cosas que me encantan pero conlleva números y se me dificulta bastante aprenderlas.

No he logrado hacerlo

Digo que en la niñez, no todo es tan bonito como lo ves, pues siendo niño la verdad siempre impera por más cruel que esta sea y nunca falta el comentario, la frase inoportuna, también la desagradable y muy frecuente envidia, que si entre hermanos, no puedes explicar entre compañeros de la escuela, es un tanto más difícil, ya que no vives ni convives con ellos el todo el tiempo. La verdad eso es una etapa hermosa pero no así fácil, es de constante adaptación y aprendizaje continuo, con ello también, ocurre que te lastiman y no sabes cómo defenderte o cómo sanar de manera adecuada para continuar.

Tus padres hacen lo mejor posible para educarte y proteger tu corazón que está en desarrollo y crecimiento emocional, y no es que su esfuerzo sea en vano pero no siempre pueden estar ahí todo el tiempo para enseñarte a defenderte y ver cómo evolucionas., y no es que me quiera compadecer,

Más los convido a pensar ,si una infancia completamente normal para una persona que tiene sus habilidades íntegras es difícil, imagínate para cualquier persona con un tipo de capacidad diferente sin importar cual sea.

Recuerdo no de manera grata cuando íbamos a los almacenes del centro de la ciudad de México a comprar ropa para mí y mis hermanos menores. Era toda una desastrosa Odisea por lo menos para mí, ya que no conforme con verme al espejo y no gustarme lo que veía nunca faltaba el bendito comentario de :

"¡Qué bonita niña, ¡lástima que está enfermita!, ¿qué le pasó tuvo un accidente?"

Entre otras situaciones esto hacía que quisiera esconderme y quedarme ahí, para que no me vieran más, sin embargo como ustedes saben, Dios no complace caprichos ni endereza jorobados.

Estuve en terapia física motriz y psicológica desde los tres años, o antes no recuerdo bien ,cuando mi mamá se percató de que no podía gatear,(que necesitaba de muchas almohadas para quedarme sentada y firme, en fin bastantes detalles que ella como enfermera ,conoce muy bien) hasta los 14 años y en ese lapso tuve alrededor de 7 u 8 cirugías ortopédicas.

El lapso en el que tenía que llevar el yeso era difícil y doloroso pero me encantaba cuando me lo quitaban.

En una de las ocasiones que eso ocurrió canté a todo pulmón "cielito lindo".... Toda la sala de maquinaria de ortopedia y también la de fisioterapia, escucharon mi desafinada voz a todo pulmón, fue una sensación increíble de libertad, agradecimiento, tener a mis escasos años el mundo entero entre mis brazos y poder abrazarlo. Recuerdo que era un miércoles, ya que la noche anterior, vi por la televisión que mi papá me prestó dentro del hospital, un programa de música vernácula mexicana que se llamaba "el estudio de Lola Beltrán" Y esa noche tenía como invitado a un niño, cuya voz se convertiría en mi conciencia y acompañante de vida, Luis Miguel y fue tanta mi emoción al oírlo cantar, que me contagié.

Y en lugar de estar llorando, mientras la sierra pasaba por el yeso en mis piernas, para cortarlo y poder quitar ese material de mí, inspirada en aquello comencé a cantar a todo pulmón, mientras los bolígrafos que le quité a mi papá para mitigar la comezón de las puntadas de la cirugía (la más grande que me hicieron fue en la cadera del lado izquierdo, la cicatriz mide alrededor de 35 a 60 cm no recuerdo bien)...

Mientras esto ocurría, otros niños que se encontraban en mi misma situación, lloraban con mucho miedo, sin embargo al oírme cantar se unieron a mi coro con todo y lágrimas.

Me quitaban el yeso y era una sensación increíble, como de haber ganado un premio súper grande, parecido a obtener una victoria o un logro importante...algo que tú que estás leyendo este libro debiste haber experimentado en algún momento de tu vida bajo alguna circunstancia.

Sé que me puedes entender perfectamente.

Después de eso venían las hidroterapias y las fisioterapias, de las cuales, la que dolía menos era la hidroterapia, ya que debíamos de ejercitarnos en el agua, era lo que más me gustaba, aunque esto no quería decir que no doliera, sin embargo dolía menos, que las fisioterapias o como las nombran ahora, terapia física.

Llegué a tener muchos amigos y conocidos dentro de ese lapso de terapias en la alberca, hasta decía que tenía novio, un joven adolescente, que por sus características físicas parecía más bien señor. Se llamaba Arturo, a mis ojos de niña, me parecía muy atractivo Y decía que era mi novio.

No era con mala intención, pero esto incomodó mucho a mi papá, cuyo juicio fue hecho muy chapado a la antigua, Así que deduzco que por ello no volví a ver a Arturo en la alberca, debieron de haberlo cambiado de horario. A pesar de esto tengo muy gratos recuerdos de esos momentos, porque junto con mi hermano mayor (el más grande de dos, que están detrás de mí,) me ayudaban mucho a amenizar el momento de la rehabilitación, ya que en verdad, tengas la edad que tengas no es nada fácil, vivir tipo vivir este tipo de situaciones.

Viene a mi memoria otro recuerdo, muy grato por cierto, de una fisioterapeuta llamada Rosario, con mucho cariño y respeto le llamábamos Chayito, tanto a mi hermano como a mí (Me olvidé de mencionar que comparto este reto de vida, junto con mi hermano menor, yo soy mayor que él por 11 meses) nos consentía mucho, recuerdo que a mí me regalaba colores para dibujar y libretas con estampados muy bonitos y muy coloridos para escribir,(supe desde pequeña que algún día sería una escritora publicada).

Decía entonces Chayito, que te sea muy pequeño sabía que cultivar los talentos que nos dio Dios y ella quería poner de su parte para ayudarme. Lo hizo, se lo agradezco mucho, gracias por su paciencia, por tantos buenos recuerdos.

Y por todo el esfuerzo que ponía en cada sesión para ayudarnos a mí y a mi hermano.

Mi infancia transcurrió así, entre hospitales, cirugías ortopédicas, la escuela y terapias físicas, hice muchos amigos, que llevo en el corazón porque le dieron luz a estos momentos de cambios y vicisitudes y por ello no recuerdo tanto dolor, pero conforme fui creciendo, también iba cambiando mi perspectiva de la vida y las situaciones que iba pasando.

Era muy niña para recordar, nombres y situaciones con detalles, sin embargo, si este libro cae en manos de alguna persona, que estuvo en ese momento conmigo y con mi familia, quiero que sepa que le agradezco infinitamente, su tiempo su esfuerzo y su dedicación. Y que desde aquí, pido con todo mi corazón que Dios Nuestro Señor, les haga extensivo mi agradecimiento y les dé eternamente su bendición. Gracias, gracias, gracias.

3: El viaje que cambió mi vida

Vivía en Estados Unidos desde los 6 hasta los 7 años y medio, el motivo de este viaje, fue para que me realizaran algunas de las cirugías ortopédicas pertinentes para poder caminar, aunque fuese con la ayuda de algún auxiliar ortopédico, como puede ser una andadera, Así ha sido desde los 7 años y medio a la fecha.

En Estados Unidos adquirí conocimientos y herramientas las cuales son fundamentales hasta el día de hoy, en mi vida como el hecho de poder hablar inglés con fluidez.

Este viaje se llevó a cabo de común acuerdo entre mi padre y dos de sus hermanos, una de ellas fue mi tía, quién se hizo cargo de mí desde el principio de este hecho, hasta que regrese a México.

En Estados Unidos, también recibí terapias de todo tipo, físicas, de natación, lenguaje, psicológicas, me desenvolvimiento social y algunas otras áreas que no menciono porque no recuerdo, sin embargo, sí tengo en la memoria que eran días bastante atareados y muy difíciles, pero como adulto hoy tengo la certeza de que fue una buena decisión y de que Dios siempre estuvo conmigo. La meta de mi tía, era que yo llegara caminando sin ayuda de ningún tipo de auxiliar, llámense aparatos ortopédicos de cualquier tipo u otra clase de auxiliares de los cuales pudiera depender, sin embargo, al querer cumplir su afán, mientras me hacía practicar en la cocina, que tenía suelo de cemento, eran inevitables las caídas, tantas como los intentos, por lograr aquella meta...

Lo cual llevó como resultado, la luxación de mi cadera del lado izquierdo y la posterior cirugía que se llevó a cabo, ya aquí en México.

Todo esfuerzo conlleva un precio que pagar, aunque a la meta en ese momento, ni de manera precisa se pueda llegar, agradezco en el alma, el tiempo, la dedicación, el amor, el espacio y todo lo que implica que durante año y medio se haya dedicado la familia Delgado Suárez y toda su descendencia, tíos, primos, sobrinos y parentescos, que no me acuerdo en este momento, tanto amor Y tanto esfuerzo, que no fue en vano, porque de no moverme nada, a poderme mover con una andadera y así, aunque sea por corto tiempo, pero haber cumplido las metas que me propuse, la victoria es grande y significativa.

Gracias tía Otilia mi Grandma hermosa como me pediste que te dijera, Gracias por tu tiempo, esfuerzo, paciencia, cariño y tesón para conmigo.

Van también para ti, un beso por cada kilómetro que nos separa desde estas zonas terrenales, hasta un hermoso lugar en el cielo, donde seguramente me ves y ahí te encuentras.

Agradezco enormemente a Dios, que haya puesto las piezas exactas en mi camino comenzando por mis padres y continuando por ustedes, el camino No fue fácil ,pero no estamos para lamentarnos lo que pasó, quedó atrás y aún con lo que esto acarrea hay que mirar hacia adelante.

Mirar de frente al sol, siempre teniendo como Norte a Dios Nuestro Señor y a su Santísima Madre la Virgen de Guadalupe. Según dicen tengo la nacionalidad norteamericana y los papeles que lo comprueban, pero jamás los he visto. Así que considera todo esto como una leyenda urbana, poco recuerdo de los paisajes y lugares lejanos de antaño allá.., quisiera volver ,pero no se han dado las situaciones adecuadas para hacerlo. México ha sido mi cuna y mi casa hoy por hoy sin embargo, antes de que esta patria también sea mi tumba, espero volver, pues aunque no faltaron situaciones difíciles, quisiera reconocer lugares en los cuales estuve y cuyos momentos me traen muy gratos recuerdos.

Como por ejemplo quisiera volver a la escuela de religiosas donde aprendí inglés, aunque duele saber que ya no está en sus aulas la piadosa y muy paciente hermana María que con todo corazón y mucho llanto compartió conmigo la impaciencia y la premura por aprender un idioma para comunicarme mejor, ya que para ella era imperativo que me integrara lo mejor posible con los niños y el resto de mi entorno, pues para ella era más importante que yo tuviera buenos cimientos en inteligencia emocional, y también social, que deambular sobre mis dos pies llevando un alma hueca.... Hermana María, de aquí al cielo, un beso por cada kilómetro que nos separa, espero que desde donde esté, vea que hasta donde pude y como pude, la misión está cumplida...

Gracias gracias gracias.

Se me han salido las lágrimas a recordar, no pretendo hacer de este libro una novela Rosa, no lo es, sin embargo, no quiero recordar momentos malos, innecesariamente, de sobra sabemos que todos pasamos por algo que nos marca la vida.

Y no solo una vez, sino varias veces, alguna vez escuché por ahí, que a Dios le agradan los corazones sangrantes y concritos que los corazones que tan solo tienen pequeñas heridas el lugar de las grandes cicatrices que te forja la vida para llegar a Él.

Mi historia tiene sus tragedias como todo mundo, pero este escrito no va encausado a eso, este libro pretende de todo corazón, motivarte, por qué no necesitas de ejemplos, ni de superhéroes.,.

Tú puedes ser, o más bien ya lo eres, el portento, el superhéroe de tu historia, ya que para llegar hasta este momento en el cual estás leyendo este libro, has tenido que pasar por mucho, y permíteme qué decirte que no cualquiera puede pasar avante por las situaciones que tú has superado cualquiera que estás sean.

Volviendo a este viaje, Regresé a México después de un año y medio y aquí me hicieron otras tantas cirugías más, para completar ocho intervenciones quirúrgicas. Como ya mencioné una de ellas fue la cadera izquierda cuya cicatriz abarca de unos 30 a 60 cm.

Y aunque no era el plan, regresé caminando con la ayuda de una andadera ortopédica, ya mencioné que así ha sido hasta la fecha, hecho varios intentos por dejarla, sin embargo y me avergüenza confesarlo, hasta hoy mi miedo a caerme ha sido más fuerte, que mi impulso por soltar ese armatoste que no me define como persona ,ni como ser humano,[1] pero a causa de ello he sido expuesta a muchas cosas y he tenido que sobresalir de varias situaciones, algunas más difíciles que otras, pero eso es la vida, vivir no solo implica lo bello de la creación, sino también el dolor de la pasión, La pasión por la vida misma.

4: Adolescencia

Cuando crecer es todo un arte, pero lo es más entenderte y soportarte (a ti mismo).

Una etapa lleva la otra y la niñez no dura para siempre.

Sin embargo las complicaciones al crecer no cesaron.

Crecí con bastante dolor, porque literalmente si crecer duele, imagínate hacerlo con un reto más, tu falta de habilidad para caminar, para deambular y moverte de manera correcta.

La última cirugía que tuve, fue a los 12 años, como ya dije por una luxación de cadera.

Aquí se trató de corregir, pero según palabras de una doctora que consulté muchísimos años después me dijo:

"no te operaron, te destazaron".

Eso fue lo que me dijo, porque se usaron cortes del muslo y de la cadera izquierdos, para unir estas partes , hueso y músculo más según entendí el correcto procedimiento no fue aplicado esta vez y las secuelas de ello, pues son para toda la vida.

Diría mi padre, con un tono de fuerza y coraje en su voz, esta frase:

"Mi hija, tu problema está de la cintura para abajo, no al revés, tu cerebro funciona bien, tu mente razona, tu corazón está latiendo y lo principal está funcionando"...". Así que usa lo que tengas, lo mejor que puedas. Tus pulmones" resuellan" y tu boca es parlanchina como perico, ahí lo tienes haz lo mejor que puedas y como puedas."

"Si te critican o te descalifican mándalos mucho a chingar a su madre, que todos estamos buenos para criticar y para juzgar ,pero pocos son los honestos que se ofrecen ayudar."

"Sé parte de los segundos y aléjate de los primeros".

Joven al fin pretendía que los demás me aceptaran así tal cual, sin mayor complicación, pues entiende que la vida Ya es demasiado complicada, siendo un adolescente, es todo una madeja enredada que tú mismo enredas y tienes que desenredar, porque no todo es blanco y negro en ese momento, entre un punto y otro hay una infinidad de gamas en gris, más no descartemos los otros colores, porque la madurez radica en no verlo todo color de rosa, sino ver toda la amplitud de la cama de colores que existe, empezando con ello, siempre por ti.

Pero toda esta filosofía no la entendía en esos momentos, tardé muchos años en entenderla y estoy tardando otros tantos en asimilarla y a ponerla en práctica.

Una anécdota no muy agradable, sin embargo con gran aprendizaje, ocurrió el último día del niño qué festejé tendría yo 13 años, ya que reprobé un año de primaria, pero una vez aceptado el acontecimiento, no me dolió mucho, porque cualquiera reprueba por burro, pero no cualquiera repite año dando la batalla por tener un futuro y una vida, mejores.

La escuela no hizo válida la situación de faltar por estar operados e ingresados y la consiguiente rehabilitación derivada de ello.

Volviendo a la historia, resulta que me hallaba feliz, bailando conforme podía con la andadera ortopédica, moviendo mis caderas, haciendo el intento de brincar impulsándome con las manos, en fin, moviéndome y disfrutando como me nacía del corazón, como podía hacerlo en ese momento, cuando súbitamente, aparece una compañera de salón, a quien escucho por detrás mío decir:

"Ay Gaby, te quiero mucho, pero ¿ sabes qué?, mejor vete a sentar, francamente, te ves ridícula"

Se fue la alegría en un instante y cabizbaja me retiré a tomar asiento. Esas palabras, obviamente, me marcaron ,creando en mí un gran complejo de inferioridad.

No comprendía que todo depende del cristal con que se mira, del enfoque que le des a las cosas. Cuando eres adolescente justamente todo te duele, crecer darte cuenta de que el mundo no es tan derecho, exacto ni correcto, como te lo pintan de niño.

Te desconcierta ,ver que cada quien tiene su escala de valores, que no todos concuerdan con tu punto de vista, ni enfatizan con tu situación, lo que para ti es normal, porque convives con ello todos los días a algunos les causa vergüenza, morbo, miedo e incluso asco.

La sociedad maneja el valor de la empatía según la conveniencia del entorno y del momento, cuando lo más valioso es la resiliencia y junto con ello el buen corazón, porque un corazón sano sale adelante, con las respectivas cicatrices de las batallas de la vida, pero en su propia guerra siempre sale triunfante.

Más no te preocupes, gentil lector, el tiempo todo lo repara y lo supera. No es de la noche a la mañana pero créeme, que con paciencia se obtienen grandes resultados

Parte de esta etapa son los cambios constantes y yo no estuve exenta de ellos, cursé la escuela secundaria en tres planteles distintos, para terminar finalizándola en el sistema semi- escolarizado, en un periodo de 15 días, cuando a mis compañeros todavía faltaba 6 meses completos para terminarla.

El primer y el último cambio de plantel se debió al bullying o acoso escolar cómo se le llamaba en ese entonces, y el cambio intermedio se debió a que mi madre se sometió a una cirugía la cual la puso en un estado de salud muy delicado y tuvimos que ir a vivir a casa de mi padre, para fortuna de los dos la secundaria quedaba enfrente de la casa Así que podía irme caminando tranquilamente de mi casa a la escuela al ir y al regresar y eso me dio oportunidad de convivir con más jóvenes de mi edad, que sí me aceptaron sin tantos prejuicios, comprobé mis habilidades e incremente mis capacidades, de socializar, de tolerar y de ser tolerada, pues como cantaría Cuco Sánchez "No soy monedita de oro ,para caerle bien a todos, así nací y así soy, si no me quieren ,ni modo,"

Agradezco a Fabricio y a Erika Galindo Montenegro, también a Paola Hidalgo Molina, a el grupo de quinto c, en la primaria, y en la secundaria al grupo primero b, segundo c y a cada una de las escuelas en que estuve, por tener la capacidad y la fuerza necesaria, para no discriminarme y siempre apoyarme e impulsarme a pesar de los problemas que como estudiante tenía en ese momento, gracias por literalmente , resistir, insistir y nunca desistir.

5: Juventud Adulta

Lapso de tiempo que se parece a conducir un auto, por pisar el acelerador y tomar decisiones incorrectas o dejarlas a la desidia, tarde o temprano o pagas la multa o te vas guardado unos días a la alcaldía.

Si me preguntan en qué lapso de mi vida me sentí más a gusto, fue precisamente en la juventud adulta, concretamente en el período que comprendió de los 25 años hasta los 34.

 Antes de eso sucedieron muchas cosas de las cuales voy a hacer un resumen.

Al cumplir los 18 años, no sin algunas dificultades, hice el primer intento de estudiar la preparatoria dentro del sistema abierto.

No fue en vano porque mi familia y yo aprendimos cómo se manejan diversas situaciones, dentro de ese tipo de instituciones, que para no variar, desconocimiento y de la necesidad que hasta hoy día sigue imperando, en cuanto a la inclusión, una verdadera inclusión de las personas con capacidades diferentes de cualquier tipo para tener su derecho a la educación, infortunadamente, (no quiero generalizar ,porque no es en todos los casos ,¿verdad?)

No entraré en detalles, que no vienen a casa porque este libro no es una novela dramática, eso se los dejo a los escritores de telenovelas, de las grandes televisoras, que viendo la repercusión de la primera, cuya innovación fue justamente hacer ese tipo de entretenimiento, el resto conforme iba creciendo la industria, trató y sigue tratando de hacer lo mismo añadiéndole ciertas innovaciones pero nada como la novela Rosa, con lenguaje apropiado anécdota es un tanto milagrosas y bastante melcocha en el aire.

Esto me recuerda precisamente en este periodo que un conocido mío, que tenía muchos contactos, según él, viendo mi afición por la escritura, me dijo que él podía contactarme con el grupo de escritores de una muy conocida empresa televisora aquí en México, vamos, la más conocida a nivel mundial, pero que todo ello requería de tiempo dinero y esfuerzo sobre todo lo segundo, el dinero.

Aprovechándose, de la confianza que yo le tenía, y de la ilusión que me provocaba desarrollar esta etapa de mi potencialidad, el muy descarado, me estafó con la cantidad de $10,000 mexicanos.... Que en ese entonces y aún con la devaluación que se vino en esa época era una cantidad bastante considerable y que había logrado ahorrar gracias a que en ese tiempo me encontraba trabajando como maestra de inglés en el instituto politécnico nacional.

Me adelanté un tanto a los hechos. Me disculpo.

El caso es que el prometer no empobrece ,el dar es lo que aniquila y yo le di a este manipulador y caballeroso personaje, todo lo que tenía en mi cuenta de ahorros que justamente eran $10,000 pesos.

Claro que todo resultó ser una falacia.

Me daba largas, había pretextos, en fin, era el cuento de nunca acabar, hasta que me percaté, que el individuo había estado maquinando una vileza que le salió muy bien.

Lamentablemente, este hecho no solo ocurrió en esta ocasión que relato, volvió a suceder por segunda vez, lo único que cambió fue el motivo, pero lo demás fue exactamente lo mismo, mismo mentiroso y misma tonta que volvió a dar su confianza.

(Era el novio de alguien muy importante para mí muy cercano a mí , para que entiendan el porqué de este contexto)

Esto es solo un relato poco amable, dentro de lo realmente importante.

Mencioné que esta etapa de mi vida fue donde más feliz, a gusto, y en paz me sentí, ya que aún con sus respectivos sin sabores que no faltaron, ocurrieron varios acontecimientos la mayoría para bien que tuvieran influencia muy positiva en esta actual época de mi vida.

Vamos por el orden de los acontecimientos.

Cumplí 18 años, y con la mayoría de edad social, por razonamiento lógico te llegan muchas oportunidades, dentro de cualquier contexto Ya que en ese momento Éramos un país joven, me refiero a que la mayoría de la población oscilaba entre adolescentes de 16 años y jóvenes adultos de entre 24 y 25 años.

Continúo entonces, cumplí la mayoría de edad, y con ella llegaron algunas cosas, pero no lo que me esperaba, precisamente.

Comencé, junto con mi hermano, mis estudios de preparatoria, el plantel quedaba justo enfrente de casa, atravesando la calle, en un centro social, por demás conocido en la zona.

Cursamos la preparatoria por tres años completos, sin embargo por más ganas y tenacidad que tuviéramos en terminar nuestros estudios, siempre había un inconveniente, que no nos dejaba ver claro el panorama...

Podía hacer la rotación de materias ya que eran 32 y no siempre se encontraba disponible el material didáctico para estudiar, o bien no coincidía el temario con el calendario de la SEP, entre muchas y tantas razones más, que me llevan a darle la razón al siguiente refrán:

"desde que se inventaron los pretextos, se acabaron los p*******".

Estoy alargando mucho el relato de este lapso acontecido y no me agrada...

En resumidas cuentas, a mi madre que fue quien nos impulsó a seguir estudiando y a prepararnos a pesar de lo difícil de nuestras circunstancias, la estafaron con $30,000 por cada uno de nosotros lo cual da un total de $60,000 mexicanos.

Y sí terminamos de estudiar nuestra preparatoria pero fue por separado y muchos años después cada quien en su tiempo y en su espacio.

Yo la terminé en un sistema semiescolarizado en un plantel del estado de México, con la carrera de técnico en agronomía, en el año 2024.

Y mi hermano a quien no puedo excluir en esta parte del libro porque vivimos juntos los sinsabores de esta etapa (y de otras tantas) finalizó con éxito sus estudios de preparatoria justamente hace un año dentro del sistema escolarizado a distancia (qué cobró más auge gracias a la pandemia de COVID-19).

Posteriormente después del relativo fracaso de la preparatoria, para no perder el tiempo y expandir más mi mente, estudié algunas carreras técnicas, estas fueron:

La carrera de maestro de inglés a nivel técnico. Complementando esta asignatura con la carrera técnica de organigrama de negocios.

Esta la estudié en una reconocida escuela que tenía mucho auge en la década de los 90 aquí en México cuyo plantel principal se localizaba en la Ciudad de México en la colonia Lindavista.

La carrera de computación e inglés con el agregado de técnico en hotelería y turismo.

Esta carrera técnica la estudié en un plantel que se hallaba en la Colonia estrella de la Ciudad de México, ya no existe.

Armado y reparación de computadoras personales. (La cual por cierto se dio de manera casual y cumplí por compromiso,) ya que mi padre me puso como condición que al terminar esta carrera me inscribiría en el magisterio para presentar mi examen de admisión y así prepararme como maestra de inglés a nivel licenciatura cosa que jamás se cumplió, porque con su partida de este mundo el plan obviamente no se concretó

Y a nivel social entre otras cosas...

Tuve mi primer noviazgo, el cual solo duró menos de 3 meses, todo fue muy rápido, nos conocimos y terminó nuestra relación de noviazgo, durante la época navideña.

Teníamos distintos enfoques y también distintos intereses, sin embargo la amistad se acrecentó y se fortaleció y él actualmente es enfermero y rescatista de la Cruz roja mexicana. Muy buen amigo mío y de mi hermano, al cual por medio de estas líneas le agradezco mucho su amistad y todo lo bueno que ha traído ella a mi vida, siempre deseándole que Dios lo bendiga.

Tuve otras ilusiones más pero solo fueron eso , porque no se pudieron concretar, ya que cuando existe marcadas y notorias diferencias dentro de la identidad de cada quien y cómo se autodefine.

Lo mejor sin duda es regalarle tu ausencia, junto con muchos buenos deseos, sin rencores y continuar hacia adelante.

Que como dicen por ahí: "lo que es para ti ,aunque te quites y lo que no es aunque te pongas".

Después de eso, vino lo que para mí fue la mejor época de mi vida, un tanto breve pero muy productiva y fui muy feliz la mayoría del tiempo.

Se conjuntaron varios factores, que para mi fortuna todos y cada uno de ellos cuadraron en positivo, para una gran mejora dentro de mi vida.

Seré breve...

La primera circunstancia fue que buscando dónde terminar mis estudios de preparatoria, sin querer encontré trabajo como maestra de inglés, dentro de una gran institución educativa una de las dos más grandes del país.

Más feliz no pude ser, estaba cumpliendo uno de los más grandes sueños de mi vida, y lo mejor de todo, me probé a mí misma de lo que era capaz, yo sola me hace a cargo de un grupo de 45 niños que iban cada fin de semana a aprender inglés.

Y para el asombro de muchos, más la envidia y el cuestionamiento de otros tantos, mi discapacidad no fue un impedimento, más bien, una añadidura, porque no solo los pequeños aprendieron las bases de el idioma inglés sino que además fomentaron el trabajo en equipo y cimentaron los valores de la empatía para con los demás y sus circunstancias de vida.

Tan es así, que los padres de familia hicieron una carta solicitándole a la dirección de ese plantel que el resto del curso, que estaban tomando sus hijos, fuera dado por tu servidora…. Doré con el mismo grupo de niños, sin una sola baja más con el agregado de 10 niños más tres años y medio.

Lamentablemente por circunstancias ajenas a mí dichas clases tuvieron que ser suspendidas indefinidamente ya que hubo un desfalco por parte de el contador de dicha institución educativa, el cual nos dejó a varios profesores sin recibir la paga correspondiente por el lapso de un año sin contar la deuda que el mismo instituto había adquirido gracias a ese desfalco. ...

Tristemente todo tuvo repercusiones, lamentablemente hasta la fecha por una serie de factores entre los cuales podemos incluir los prejuicios no he podido encontrar una oportunidad laboral digna como la que tuve en aquella época en la que fui por demás muy feliz.

A la par también tuve, otra relación de noviazgo formal, la cual fue muy bella, así como muy breve, porque al darse cuenta la persona que fue mi pareja que no podía yo gestar, por mis circunstancia de vida, aunque hubo mucho cariño entre los dos y éramos muy afines, él decidió ponerle fin a nuestra relación, que tan solo duró medio año.

Hoy por hoy se lo agradezco mucho y desde aquí l le ruego a Dios que lo bendiga y lo socorra siempre.

Esperando que haya logrado todas sus metas y sus ilusiones tal cual y se las propuso.

Sin embargo no puedo evitar decir que él se lo perdió y yo me lo ahorré, gracias a Dios.

Lo que se deja atrás, se queda ahí, no he vuelto a saber de ninguna de estas personas que en aquella época significaron tanto en mi vida.

Les agradezco lo que en su momento me dieron, pero la evolución, también significa ubicarse en el momento presente, Y aunque la situación no es tan halagueña como muchos pudieran pensar, mi agradecimiento para Dios siempre va en primer lugar.

Agua que no has de tomar, déjala pasar.

6: Enfócate en tus potencialidades

En estos tiempos donde darse a entender es tan importante como así mismo lo es ser explícitos veamos entonces la definición de potencialidades y habilidades así como de capacidades.

Definición de potencialidad:

1.-nombre femenino. Capacidad de la potencia independiente del acto. 2.-equivalencia de algo respecto de otra cosa en virtud y eficacia.

Definición de la palabra habilidad.

1.-nombre femenino. Capacidad y disposición para algo. 2.-nombre femenino. Gracias y destreza en ejecutar algo que sirve de adorno a la persona como bailar montar a caballo etcétera.

Sinónimos: destreza, pericia.

Definición de la palabra capacidad.

1.-cualidad de capaz similar: suficiencia.

2.-FÍSICA: magnitud. Similar: volumen, cabida.

¿A qué viene esto?, sencillo, todas estas definiciones, muchas veces las usan personas aparentemente capacitadas de manera intelectual para degradarnos o hacernos menos por nuestra condición física, situación en la que nos encontramos que no representa ni enfermedad contagiosa, ni algún tipo de riesgo físico, moral o de cualquier índole para terceros, sin embargo y de manera lamentable, en muchos casos esto se usa como excusa o pretexto, por demás estúpido tengo que decir, para negarnos oportunidades ya sea en el campo social, laboral, económico, educativo, incluso religioso, entre otros campos que el gentil lector o un familiar que haya sido víctima de esta clase de discriminación en despoblado y a discreción, de manera descarada haya sido víctima alguien cercano o inclusive tú ,quien me lees.

Este tema es duro y de amplio espectro, muy amplio, pero para continuar en lo que realmente nos atañe, me permitiré ser directa y tal cual te lo diré:

"Desde que se inventaron los pretextos, se acabaron los p*******"

Y esa frase aplica tanto para los que discriminan así como la para los que son discriminados,

¿Mucho embrollo?, ¿ te confundí?...

Es muy sencillo, te explico.

Nuestra discapacidad, cualquier tipo que esta sea, da pie a ser manejada en prejuicio o en beneficio de otros así como puede ser usada para nuestro beneficio o lo contrario.

La gente incluso podría llegar a compadecer a una persona en este tipo de situación y pretendiendo apoyarlo, culpar a diversos factores personas, entornos, etcétera .,.

Así como la persona que lleva este reto en su vida puede culpar a mundo y medio de su situación y no asumir que en ella radica la solución.

De ahí que te di la definición de las tres palabras anteriores, porque para que este capítulo sepa a chilito con limón y después te den agruras, vienen las siguientes preguntas que a continuación vas a leer y probablemente te va a doler confrontarte contigo mismo para encontrar las respuestas.

Con la advertencia, de que quizás no vas a encontrar las respuestas al momento de leerlas, probablemente estas cuestiones te parezcan sencillas y simples de contestar, sin embargo si es que te atreves a mirar y escarbar dentro tuyo las respuestas no serán tan fáciles de encontrar como pudiera creerse ni tan afirmativas ni felices de responderse.

Es necesario, que leas con atención y autocrítica una y otra vez estas preguntas es imperativo para que desarrolles tus potencialidades que no son otra cosa más que lo que más te gusta hacer y de ahí lo puedas hacer redituable, porque hay que hacer de esta vida algo agradable, si te desarrollas en algo que te gusta hacer y lo monetizas no va a hacer trabajo, va a ser todo un placer y va a ser una de tus mayores satisfacciones proveerte tú mismo tu sustento de vida sin depender de la aprobación de terceros y la exposición mezquina a estos que lleva a la lamentable y muy desagradable discriminación en cualquier campo Que tú vivas e imagines.

Opciones tienes muchas, posibilidades también cuentas con mucha de ellas, sin embargo tienes que contestar a estas preguntas ya las que probablemente se deriven de lo que te voy a escribir aquí otras tantas interrogantes...Ya te dije, no te va a gustar, pero por experiencia propia te digo, es necesario.

Son preguntas muy sencillas y directas, sin embargo, no debemos engañarnos...

Las respuestas no son fáciles y siendo honestos con nosotros mismos tal vez no sean las que esperamos.

Algunas decisiones no son tan sencillas como creemos.

En estas preguntas, encuentres respuestas que conlleven a que tomes decisiones.

He aquí las preguntas:

1.-¿Quién soy? /¿quién he sido?/ ¿Quién espero ser?/ Estas preguntas así como las que vienen debes responderlas con toda la sinceridad que seas capaz de hacerlo, evaluando esto con un antes y después de tu situación de discapacidad, ya sea motriz o no.

Permitiéndome decirte con todo el corazón, que una discapacidad, no te define como ser humano.

Mira a tu alrededor, hay seres humanos que tienen todas sus habilidades y capacidades completas a carta cabal y sin embargo, se comportan como auténtica bazofia, como langostas ,que de una u otra manera acaban con el entorno en el que están y las bendiciones que este les provee , sin importar nada más, que su beneficio momentáneo o a largo plazo, pasando muchas veces, por encima de los demás. Lógicamente sin importar las consecuencias que esto traiga, para ellos o para su entorno mismo.

Continuamos con las preguntas...

¿Qué me importa?/¿Qué me satisface?/¿Qué le da sentido a mi vida?/¿Qué es lo que realmente quiero?/¿Cómo y qué tengo que hacer para lograr lo que quiero?

Contestando a estas preguntas, tal vez te encuentres con más cuestiones qué respuestas, es necesario hacerlas para encontrar tus potencialidades, o lo que es lo mismo lo que sí puedes hacer independientemente de tu discapacidad, carrera universitaria, experiencia laboral, entre muchos otros factores, internos o externos.

Cada ser humano es único y cada cabeza es un mundo, no podemos esperar coincidir con las opiniones de los demás, así como es desagradable y perjudicial, ser solo lo que los demás esperan de nosotros ,a pesar de nuestra condición.

Estas preguntas duelen muchas veces, sin embargo lo que pretendo a través de ellas y de muchas otras que te encontrarás conforme leas este libro, es que valores, que a pesar de lo adverso, que se presentó en tu situación alguna vez, por esta circunstancia de vida, has llegado hasta aquí, luchaste con las herramientas que tenías, con el conocimiento, que te dio todo el aprendizaje que has tenido hasta este momento, (que infortunadamente, en este mundo, pero muy felizmente para ti) , existen personas en peor situación en la que pudiéramos encontrarnos nosotros, más sin embargo con todo y nuestras limitantes, somos muy bendecidos por Dios.

No sirve llorar sobre la leche derramada, pasó lo que tenía que pasar, aquí y ahora lo que importa es

¿cómo lo vas a superar?, ¿Con qué cuentas ahora mismo? Me refiero así de la cintura para arriba estás bien, qué te hace falta, físicamente hablando por fin te lo actualmente no nos falta nada, lo que nos ciega la vista para ver más allá de lo evidente es querer ser como los demás, en lugar de aceptarnos tal cual somos, querían encajar en los patrones para ser aceptados, cuando lo que cuenta es que seamos únicos.

Como dijo Carlo Acutis, un joven beato de la iglesia católica , que no contaba con más de 16 años de edad cuando murió, diagnosticado con leucemia:

"Nacimos todos como originales, sin embargo conforme avanzamos en este mundo, nos conformamos con ser, una simples copias, muchas de ellas al carbón".

Una de las herramientas, qué es parte de nosotros como individuos, más sin embargo, es común en todos nosotros y por ello es menospreciada, es la herramienta del proceso de adaptación.

Esto no implica que necesariamente haya dolor, o que no exista el dolor en el proceso, todo en la vida tiene su blanco y negro.

Y también los tonos intermedios entre un color y otro.

Volviendo a temas decía que contamos con una herramienta valiosísima que se llama proceso de adaptación, la cual si sabemos usarla de la manera correcta y teniendo en cuenta que todo sacrificio conlleva un beneficio, se puede salir y sobresalir ante cualquier adversidad que la inexorable ley del tiempo y/ o de la vida pueda presentarse dentro de un momento determinado.

Lo más hermoso de esto,(sin que ello implique que no sea difícil), es que este proceso es tan único e irrepetible como la persona que lo está atravesando y cómo lo está llevando a cabo).

La vida es una mujer, una belleza muy difícil de conquistar, para ganar o para perder, en cualquier terreno y bajo cualquier ley, por esa bella mujer que es la vida no puedes, no debes dejarte vencer.

No te dejes arrastrar, al infierno sin pelear...

Pues en las batallas puedes perder, pero en esta guerra viniste a ganar.

Las preguntas siguientes:

¿Qué te duele?, no solo me refiero al terreno físico sino al terreno emocional, respóndela con todo lo que ello implica, es tu ejercicio, es tu conversación contigo mismo, aquí lo demás no importa, lo importante eres tú.

¿Qué te da vergüenza? ¿ Sientes miedo? ¿Cuál es tu miedo? ¿Lo sientes ahora? ¿Qué te mueve o te motiva ahora? ¿Que no te mueve y no te motiva ahora?

Recuerda que una de las reglas más importantes para contestar a estas preguntas y empezar a construir tu amor propio, es para contigo mismo, No tengas miedo de un sincero soliloquio y análisis interior, nadie es perfecto lo perfecto es inhumano, no porque sea malo sino por que es divino y a pesar de eso, somos los hijos predilectos de un Dios misericordioso y grande. Más grande que los problemas y que todas las capacidades diferentes de este mundo.

Si Dios está contigo, nadie está contra ti.

7: Mi papá

quién me levantó en sus brazos para ver el mundo desde lo alto.

Qué te puedo decir, siendo niña no tenía ni la más remota idea de que detrás de ese hombre apariencia impecable, que siempre tenía todas las respuestas, súper inteligente,(que dejó medios hermanos por donde quiera y no lo supimos hasta su muerte), papá tenía una simpatía y una empatía para con los demás que muy poca gente puede tener.

Mis ojos de niña lo veían increíble, un ángel, un ser muy cercano a Dios, sin embargo conforme fui creciendo me di cuenta de muchas cosas, algunas de ellas no muy gratas. Y qué te puedo yo decir , los niños crecen y cambian y la niña de los ojos de papá, no fue la excepción.

La mayor parte de nuestra relación, fue feliz fue única fue con mucho amor porque como dicen mis hermanos, con un poco de amargura en el tono de sus palabras, yo fui La consentida de mi papá…. Y sí así fue no lo niego.

No sé explicarme la razón, pero así nos lo dictaba el corazón, y mi papá con todo y sus defectos y también algunos de esos ángulos que eran perfectos, fue único e irrepetible.

Recordado por ser un gran ser humano, a la par de médico, sus pacientes no podían deslindar una cosa de otra, porque salvo muchas vidas, no solo por cirugía su intervenciones quirúrgicas, sino porque siempre encontraba la palabra exacta en el momento oportuno y la manera más amena de decirte las cosas, siempre había en su mente algo que lo mantuviera ocupado, nunca dejó de pensar, y todo lo que pensaba lo solía ejecutar a través de los pacientes o del bisturí.

Permíteme decirte que todo lo que hacía lo hacía bien, pero esto no quiere decir que fuera perfecto infalible también tenía sus efectos, cómo los puede tener cualquiera, cómo los puedo tener yo. Nuestros gustos culposos eran los chocorroles, las galletas de chocolate, más bien nuestro vicio de chocolate, los boquerones o charales fritos con sal limón y chile.

Nos encantaba ir a la comercial mexicana que se encontraba en casas alemán, parecíamos un par de niños por demás traviesos jugando a las carreritas en las sillas de ruedas automáticas, cogiendo de los pasillos, lo que nos apeteciera, pero al llegar a casa teníamos que usar la lógica Y deshacernos de alguna cosa, porque tenía mucho dulce, o mucha sal, o porque llevábamos muchas cosas de más que en ese momento no necesitábamos.

No me gustaba sacarme fotos, pero eso a él no le importó, decía que yo era su mejor modelo y que le encantaba mi sonrisa.

También decía lo mismo que dice mi mamá:

"Píntate los labios de rojo, porque si no parece que no tienes boca, no te luce".

Y de hecho, cuando él me compraba cosméticos, los labiales siempre eran rojos, le encantaba verme maquillada con labios rojos, igual que a mamá.

Y una de las cosas que no le gustaba de mí, era precisamente que me gustaban muchas cosas que le gustaban a mi mamá.

Una vez discutimos porque quería que me comprara unos CDs de Rocío Dúrcal, artista favorita de mi mamá, no te digo nada más, tuvimos tremendo pleito y al final de cuentas terminó disculpándose.

Cayó en cuenta que no tenía más amigos ni más influencia adulta más que precisamente ellos dos mis papás, y que yo era una rara y hermosa mezcla suya y de mamá, tenía cosas de los dos.

A los dos nos gustaba vestir de un solo color, coordinando distintos tonos de este, de ser posible, pero de vez en cuando eran inevitable las combinaciones a la hora de vestir.

Una de las cosas que hice por él, a regañadientes, fue estudiar el curso de armado y reparación de computadoras personales, me pidió con mucho énfasis en que lo terminara, y una vez concluyendo esto, prometió inscribirme para un examen en la embajada de Estados Unidos ya que siempre quise ejercer como maestro de inglés pero en título de técnico en inglés con administración de empresas no era suficiente aunque estuviera avalado por una de las instituciones educativas más prestigiadas en ese momento que era Harmon Hall,

No le podía negar eso a mi padre, ni eso ni nada, porque a mí me complació, hasta lo que no debió, sin embargo la promesa que me hizo no la pudo cumplir, su cáncer comenzó a mermar más rápido su organismo y con mucho dolor, falleció.

He comprendido, que no tiene caso recordar lo malo que aconteció después de que él partió, las cosas a Dios dejadas son las mejor arregladas...

Y en manos de Dios estoy.

Como él me dijo una vez:

"No importa cómo te ves, o lo que puedas o no puedas hacer, lo importante es tu resistencia y tú y tu hermano son mi trascendencia y mi orgullo".

8: Cuando encontré el amor

El amor no se puede encontrar, para comenzar, el amor hacia ti mismo, lo tienes que desarrollar y cuidar, antes que cualquier tipo de amor, porque lo que falla inexorablemente, es que no puedes compartir lo que no tienes.

Como todo ser que se aprecia de ser humano, llegado el momento, me enamoré, me ilusioné Y viví todo lo que esto conlleva, esto incluye que el amor que tú tengas, no obliga a nadie a que te quieran también.

Esta especie de patrones es muy difícil de romper, tanto como difícil de entender que están mal, tenemos la tendencia de estandarizar o estereotipar las cosas realmente insignificantes, damos la trascendencia a nimiedades, cosas y asuntos insulsos y vanos, en lugar de enfocarnos realmente lo importante.

El amor no se encuentra, ya está dentro de ti, aquí lo importante, valga la redundancia, es cómo lo vivas, encontrar a la persona que quiera vivirlo contigo, si el momento es correcto o no, se determina por otras cosas o circunstancias, muchas veces ni siquiera eso está en nuestras manos.

Esto que voy a escribir ahora, te dolerá un poco, pero en primer lugar quién tiene que amarte mucho, eres tú mismo.

Y amarte tal como eres, tratándote a ti mismo como esperas que te traten los demás.

Solo Así podrás soportar los embates que da el amor, su búsqueda y su encuentro.

También los cambios, los episodios buenos y malos, en fin, todo lo que se dice a voz en cuello y también todo lo que se calla y a veces se llora mordiendo la almohada a solas.

El amor es como el ser humano, El amor es imperfecto, lo perfecto es inhumano. No es bueno idealizar a las personas, pensar en exageradas circunstancias de sufrimiento en la vida del otro para considerarnos muchas veces, su salvavidas su redención, nada que ver.

El primer mandamiento de la ley de Dios dice que amarás a Dios sobre todas las cosas, también se interpreta así: amarás a Dios como a ti mismo.

Si no pones a Dios en primer lugar, en cada ámbito y detalles de tu vida, lo demás, no sale bien.

Mi historia amorosa, desde mi punto de vista no es tan diferente a la que tú gentil lector, puedes haber vivido. Sin embargo y como te habrás de imaginar por mis circunstancias, esa historia romántica, llena de ensoñación, de hermosas y apasionantes miradas y de pasiones vividas y desenfrenadas, naturalmente y como la gran mayoría de los mortales , no me tocó.

Me enamoré de adolescente dos veces, lo cual no implicó que en alguno de estos dos casos fuera correspondida, mucho menos cuando el gusto se rompe en géneros....

Y helo ahí, cuestión de gustos y de géneros.

Luego siendo joven adulta, de 26 años, tuve un noviazgo,   tan   bello   como   breve,   pero interponiéndose mi discapacidad ante sus planes y sus intereses, el optó por dejarme atrás.

No niego que me dolió, pero afortunadamente, ya pasó, él planeó y construyó su sueño tal como lo quería encontró a alguien con quien acoplarse y llevarlo a cabo, se casó fue feliz y comió muchas lombrices.

Tiempo después, yo encontré mi roto, para mi descosido, literalmente encontré mi cebolla para llorar, no quiero ser muy tediosa la lectura de este libro, así que solo me permitiré remitir,

Que nos conocimos en 2006, por medio del Messenger, gracias a una tarea que tenía que hacer para un trabajo de la preparatoria.

A pesar que yo rechacé cualquier tipo de comunicación con él, este caballero siguió insistiendo e incluso me ayudó con una mencionada tarea que tenía que hacer, yo no quería nada en mi vida de ese tipo de relaciones, ya bastante dolorida y desilusionada estaba del amor de pareja y de todas sus vertientes.

Estaba muy tranquila sola, con todo y mi tristeza, no tenía ánimos, ni las condiciones adecuadas, ni estaba preparada para este encuentro de la vida, pero el hombre propone y Dios dispone, llega el diablo y todo lo descompone.

Tan solo quería una ilusión para mi corazón, nada más que eso, una ilusión y hasta ahí.... Sin embargo gracias a la intervención de terceros, (siempre hay un tercero, que no respeta tus porque es impone lo suyos), un sábado 11 de marzo, conocí a quien sin saber, sería mi gran amor y 15 años después mi esposo.

No ,no se engañen. No todo ha sido idílico, ni fácil, y esta historia así nomás de un amor con resistencia que de un amor para compartir. Fuimos novios a distancia la mayor parte del tiempo, pasamos muchas situaciones, de las cuales no entiendo por qué nuestro cariño resistió, yo más que cariño creo que fue una amistad con un poco de pasión, de no ser así, él hubiera aprovechado la oportunidad que se le presentó, de comenzar de nuevo en otra relación, con mucha mejor perspectiva y panorama que la nuestra.

En fin que fueron muchos años de largas llamadas por teléfono, en la madrugada, de volver y terminar, para terminar volviendo, de escribir cartas de amor, de mandarnos a la china sin boleto de regreso, para luego regresar con el boleto pidiendo perdón, terminando a fin de cuentas casándonos en medio de la pandemia un 24 de julio del 2021 a la 1 de la tarde en el registro civil de Tarímbaro Michoacán.

Los caballeros no tienen memoria y a las mujeres nos sobra corazón y respeto, solo diré que dentro de lo material y práctico nuestro matrimonio duró menos de 3 meses, circunstancias muchas y diversas que fueron muy difíciles de sobrellevar sobre todo para él porque cuando un hombre se acobarda y se siente inseguro, la mujer se entristece y se desmotiva y todo se echa a perder.

Como amigos somos los mejores, es un hombre genial No cabe duda, pero como pareja no la hacemos cometimos muchos errores.

Y volver atrás ni para tomar impulso.

Esta es a grandes rasgos mi historia en el amor.

Que no es muy diferente a la de muchos, dejando en claro que con o sin discapacidad de cualquier índole se sufre y se siente exactamente igual de bonito o feo.

El amor no se exige, se da.

Más es ley de vida que no puedes dar lo que no tienes, Y si pones como prioridad cualquier cosa antes que a tu pareja, pues es esperar que con todo el dolor del corazón, que uno de los dos por el bien de la pareja tenga que decir adiós y este fue mi caso.

Seguimos casados legalmente, él es un hombre de gran corazón, sin embargo por el bien de los dos, debemos de estar cada quien en su casa y en su posición.

No lo he dejado de querer, sin embargo mantenerse a distancia, para bien ,también es saber amar.

9: Victorias Personales

Cuando a diario te enfocas en tus metas, para aprender de tus derrotas, siempre mirando al cielo de la Victoria.

Solo tú sabes el costo de haber llegado hasta donde estás ahora, con las respectivas consecuencias, de las decisiones tomadas y acuerdos incluidos.

Solo tú sabes, las concesiones, las decepciones, observaciones, interacciones, Y el dolor de las decisiones, que conlleva aceptar a diario, con voluntad de la mano de Dios, y bastante resiliencia, todo lo que implica vivir y convivir con una discapacidad o capacidad diferente como quieras llamarlo.

Tienes infinidad de puntos de vista y de perspectivas en el entorno en el que te desenvuelves, sin embargo como ya sabes, la gente alrededor puede decir misa, pero no hay nadie mejor que tú para saber, Cómo vives y convives contigo mismo.

Ubícate y sé honesto de lo que esperas de ti mismo no esperes nada del entorno y de su gente pues las expectativas alma ajeno Y con lo ajeno difícilmente se cumplen.

Sé valiente, vence tus miedos, y cumple contigo mismo. Vives con la bendición de Dios, vives para él y para ti, no para nadie más.

Las victorias cotidianas, son aquellas que por estar relacionadas con la vida diaria y los obvios detalles de esta, no se toman en cuenta, pasan desapercibidas inclusive , para nosotros mismos.

Si he de serte franca, eso está muy mal, pues no podemos ni debemos esperar, que otros valoren lo que nosotros mismos no valoramos, e incluso no festejamos en nuestro diario vivir...

Cualquiera dentro de la perspectiva común, piensa que es muy fácil aprender a moverse en de ruedas cuando no es cierto, que eso es fácil de aprender y rápido de asimilar.

Pero eso es una mentira garrafal, es la ignorancia total de quien no tiene empatía, de quién no sabe ponerse en el lugar del otro, de aquel que piensa" pues al fin y al cabo ya se acostumbró"....

Yo aún no uso silla de ruedas, gracias a Dios, sin embargo por empatía y admiración, te digo con todo mi corazón , que qué pantalones tienes, llenos de coraje de agallas para enfrentar la vida desde que abres los ojos hasta que vuelves a poner la cabeza sobre la almohada, encomendándote a Dios Y rogándole por favor que no te deje de su mano.

No quiero sonar déspota, mucho menos insultante, pero a veces me pregunto, qué pasa con la gente, se habla tanto de empatía, solidaridad compasión y tantos valores, pero a la hora de la verdad, solo son vanos discursos, anotados en papel ,para un determinado fin.

Que no se concretan y cuya realización jamás hemos de ver.

Cuando tengas alguna de estas victorias cotidianas que sean trascendentes e importantes para ti, prémiate, felicítate, motívate y amate hasta con la dentadura, aunque sea postiza.

Porque nadie va a hacer por ti lo que tú no hagas empezando por quererte.

Tienes que ser muy valiente contigo mismo, hablar con insistencia del potencial, que cada uno lleva en su interior.

Hablar, contigo mismo de lo que los demás no ven, pero tú sabes que existe en ti, pero más allá de hablar está el ejecutar, para poder salir, sobresalir entre los demás y triunfar.

El éxito de verdad está en ser feliz con lo que haces ,Y cómo lo haces.

Ya te mencioné que iba a haber más preguntitas....

Te prometo que estas son las últimas... ya sabes la regla, contestarte con toda la honestidad Y la verdad aunque te duela, aquí lo importante eres tú.

¿Qué puedo llevarme de esto? / ¿Cómo puedo lograr lo que me propongo?/ Y si ya lo cumplí ¿Cómo lo logré?/ ¿Cómo nos convertimos en personas que buscan mejorar?/ ¿Cómo podemos llevar una vida inspirada?/¿Qué cosa podemos hacer que nos inspire y también inspira a los demás?

Depende de cada uno encontrar sus respuestas.

Y mientras llegas a la contestación, quizás vengan más preguntas.

No tiene nada de malo preguntar lo malo y lo que carcome es quedarse con la duda...

10: Inclusión

¿Qué significa la palabra inclusión?

Nombre femenino. Acción y efecto de incluir. Conexión o amistad de alguien con otra persona,

Comenzaré por decir , que difiero bastante de esta definición, pues en este caso, como en muchos otros en la vida, la inclusión, No necesariamente y la mayoría de las veces empieza con la aceptación de los demás, si partimos de esa manera de pensar, (repito, es mi punto de vista,) nos estamos fallando terriblemente.

No por tener esta condición de vida, vamos a esperar, como la muchacha la que le traen serenata, hasta que salga la luna ¿verdad?

¿ Por qué pongo este ejemplo tan absurdo si ya no se usa?

Pues porque esperar a que te hagan parte de la bendita inclusión, tampoco se usa ya…. Tú tienes que hacerte parte de la inclusión, incluyéndote tú mismo….

Así es, tienes que incluirte a ti mismo, dentro de los medios y con las personas que tú necesitas, para llegar a tus metas y cumplirlas,

Asumiendo y aceptando claro está, todo el trayecto que implica llegar de un punto a otro, o sea, comenzar tu proyecto y llevarlo hasta la conclusión o la meta.

Como ya te mencioné tienes que incluirte tú, corriendo los riesgos que esto conlleva.

Te llevarás grandes desilusiones, entre otras tantas cuestiones, tanto si lo haces, así como si no lo intentas. Muchas veces resulta decepcionante esperar de otros la ayuda y que te hagan el favor de incluirte en tal o cual proyecto ,suceso de vida y cosas parecidas.

Esto también incluye a la familia, de todo grado y de todo tipo.

Duele pero debes incluirte y darte tu valor, jamás permitirte ser rebajado por tu condición, sea quien sea, debes y puedes incluirte porque tú también cuentas, así de sencillo....

Por experiencia propia y por favor te pido, no por evitar ser herido, te hagas a un lado para que seas excluido, No, señor, si es necesario aguante, las cosas a Dios dejadas, son las mejor arregladas insisto en ello.

Debemos de tomar valor e incluirnos nosotros mismos, puesto que mientras abrimos camino para nosotros, podemos ayudar durante el tránsito a otros, así como podemos aprender nuevas cosas, conocer nueva gente, vivir y convivir en nuevos lugares....

Pero todo empieza por ti, que si en una fiesta, propia familia te hace carilla o lo que es lo mismo bullying, no porque era el ofender no te vayas a defender. Una cosa es Juan Domínguez y otra cosa es no la chifles ,que es cantada.

Tampoco permitas que para no ser excluido, se aprovechen de tu persona, con cualquier circunstancia o situación ya sea económica moral o de cualquier otra índole.

Nunca ha sido malo pedir ayuda, lo que muchas veces es perjudicial es a quien se la pides.

Insisto y hago énfasis en ello, pues crecer y evolucionar duelen, a veces mucho, pero como decimos en mi tierra, tienes que aprender a aguantar vara, e incluirte tú. No existe otra manera. La experiencia así comprende, que echando a perder se aprende.

10.5-Pautas que no están de más.

a).-Cuidado con la memoria selectiva.

Hay personas que recuerdan hasta qué comiste hace un año a la misma hora, cuando les conviene. Tú decides, o les das el cortón o los usas a tu favor.

b).-Las oportunidades de tu vida pueden llegarte por las personas, más no son las personas.

No confundir una cosa con otra, por favor. Al confundir oportunidades con personas, podemos llevarnos grandes decepciones y descalabros.

c).- A veces hay que salir de la concha y reunir tu coraje interior para hacer lo que te propongas.

Importantísimo: si te equivocas no importa, Roma no se hizo en un día.

d).-sé valiente, audaz, vive en la vida que naciste para vivir , no hay cima más alta que el autodescubrimiento.

e).- jamás te quedes con una duda.

f).- él hubiera = jamás lo sabremos.

11: Diferencias

Sí, todos somos diferentes, todos tenemos algo evidente o no, que nos hace únicos ser irrepetibles. Me atrevo a tocar el punto de la palabra porque precisamente, hay que aprender a que una cosa es una cosa y otra cosa es otra cosa, cantinfleando, al más puro estilo mexicano, este es el modo suave de decir, que una cosa es Juan Domínguez y otra cosa es no la chifles que es cantada.

A lo que voy, me solicitaron que no hiciera este breviario de palabras porque hay algunas que ya no se usan, según…. pero habrá que preguntarle a nuestros lindos y castos oídos, cuántas veces se han referido a nuestra inigualable persona, con alguno de estos adjetivos, de los cuales por cierto me atrevo a decir mi definición personal, no sin antes respetando y acotando, lo que la Real Academia de la lengua española, por medio del diccionario dice del significado de estos adjetivos que son tan comunes en nuestra vida diaria por mí, estas palabras, pueden irse al cesto de la basura o hasta la República de Shanghái esquina con Sumatra, porque yo no me considero ninguna de estas definiciones, por regla social, podría decir que discapacitada sí, pero invalida jamás.

Ya que me atreví a incomodarte un poquito, lector@ (tal vez) ... les invito a que tod@s aprendamos las definiciones de los vocablos, que, por lo general usan para referirse a nosotros los que tenemos capacidades diferentes a nivel motriz. Insistiendo que, por mí, esas benditas palabras se las pueden guardar en lo más profundo y hondo de La parte media que divide a sus nalgas, la cual permite que salgan ventosidades y por la cual decimos, a modo cómico, que más vale un pedo entre amigos, que un cólico a solas.

12: Un poquito más de mí

TITULO: Sin título 1

En tu sonrisa
el engaño se desliza,
 como el agua
en los cristales
cuando le da por llover.

Tu mirada es
Una trampa irresistible,
Tu carisma es incuestionable,
Tu actuación es aplaudible.

El engaño
Se desliza en la ventana,
Como la luz
De la mañana
Que te ilumina la piel.

 Y esa boca....
Mentirosa,
Llena de zalamera
Sabe   a gajos de manzana,

Que si dulce es
Lo es igual,
Prohibida.

Y esa mezcla
Que del aire
Emana a tu paso...
Canela, sándalo
Y miel...
Que exhala
Tu morena piel.

Sin percatarme, caí
La ilusión
Mentira fue....

Tu voz,
 llenaba mis horas
y con las ondas sonoras
se oyó en el auricular: ...
con una voz
muy distinta,
 muy soberbia
y egoísta....

"no me vuelvas a llamar" …

Mencionaste al presentarte.
"estado civil, clasificado" ….
 Sinónimo de "soy casado" …
Pero…
Yo no lo sabía…

Autor: María Gabriela Suárez Olvera.
Sáb. 06/06/2015.
8:12 P.M.

TITULO: Lapsos

Fue un lapso de desolación,
Insertado en el tiempo
En la voluta y trasparente
Presencia de la nada.

Fue una ilusión pueril,
Castigada....
Un error infantil.

Fue lo que fuiste tú
En un momento, todo
Para volverte, nada.
(Más breve fue el instante
Que fugaz el momento).

Autor: María Gabriela Suárez Olvera.
Viernes 29/05/2015.
(casa de Lupita, El Oro).

Añorado corazón:

Mi bien, jamás olvides que aún en la distancia, te amo.

Todo mi ser ya está lleno de ti, colmado de tus sentimientos, de tu manera de ser, de tu ternura y aún de tus enojos y agravios que pretendes ocultar ante mis ojos. Pero no puedes, pues como parte intrínseca que soy de ti, (sé que no te conozco del todo) si Puedo percibirte, puedo sentirte, puedo saberte en algo como el ser humano que eres. No sólo como el hombre que, con sus tantas maneras de amar, que con tantos matices me hace el amor y me llena los sentidos físicos y sensoriales. Perdona mi atrevimiento, quiero hacer un escrito sensible, sin embargo, los recuerdos se agolpan en mi cabeza y no puedo evitar que, de tan solo recordarte, te me antojas.

Me hace falta tu boca, dulce como miel de panal... el olor de tu ser que llena mi espacio y mis deseos, el sudor de tu piel que es como un oleo que suaviza la mía, tu pasión y tu ternura que me extravía dentro de un placentero y vibrante sueño, entre la tierra y el cielo, entre lo terrenal y lo etéreo. Vibro y enloquezco, enloquezco y vibro ante el recuerdo de esos instantes tan solo. El aire que respiras y exhalas llena mis venas y hace hervir mi sangre, tus palabras, tu voz, cuando me seduces, se conjunta en una hipnotizante melodía, ante la cual no puedo poner resistencia. Me llevas, guías mis instintos, a tu necesidad, a tus antojos.

Me matas de amor y a la vez me das vida, ya que tantas veces pensé vivir con mi tiempo muerto, sólo por obligación e inercia. Ahora el tiempo hace compases en sus minutos y segundos con el sentido de los latidos de este corazón que hoy por hoy más que nunca, se siente vivo.

La balada lenta y rítmica de tu corazón, después de un momento de pasión, de una caricia, de un instante de tu ternura, forma de la nada, la más hermosa melodía que me inspira muchas cosas, tantas que es muy difícil pasar al papel porque me siento henchida de emociones, de sentimientos, de vida y hasta de celos (a veces).

Porque no sólo yo he sabido como eres cuando te entregas todo, cuando pintas con colores de deseo sobre lienzos blancos, cuando llenas de matices, de luces, de sombras todo el espacio. Cuando haces música en el silencio, al sentir por completo y a la vez me haces sentir; eres único y eres como pocos.

Por que sólo un hombre de verdad, cómo lo eres Tú, sabe lo maravilloso que es dar y recibir.

Con mi enamorado corazón, tuya...

Gabriela.

Añorado corazón:

El reloj marca con el segundero el sonido de los pasos de la distancia que nos aleja y mi atribulado corazón se queja de esta estúpida razón, que no se tiene, no hace valida, ni tu cobardía, ni tus dudas para no estar, ni tampoco acepta mi condición de discapacidad, como razones para conformarme con esta lejanía. Así mismo, no le importa la excusa de la falta de la "bendita" tecnología para que como en su momento, te envié mensajes de texto al celular, diciéndote, lo mucho que me dolía (y sigue siendo así), el poder tener siquiera el consuelo de escucharte.

¿No puedes tú, de vez en cuándo, tan sólo dar señales de vida para saber de ti?

Dejemos a un lado nuestro sentimiento, porque hay mil y un imponderables para vivir y convivir como pareja, pero no es así como para que algo tan valioso y tan bonito (al menos para quién te escribe) se convierta y se vuelva a la nada; como si jamás lo hubiéramos vivido ni sentido, como lo hicimos, a pesar del mundo, la lógica y de nosotros mismos, le guste a quien le guste y para bien o mal.

Vaya, que no acepto ser tan borrego, como en estos casos se es por lo general y que después de tanto lo nuestro tenga que acabar por tus circunstancias, las mías, y no podamos llevar siquiera una reconfortante y solida amistad entre nosotros, que lo necesitamos y nos lo merecemos, pues a pesar de las muchas bendiciones que tenemos y la gente que nos ama a su modo (o quizás nos tolera, más que amar) estamos solos y nos desvalida el no poder ser más claros o "entrar al aro " de los demás para que alguien nos entienda...

Y, sin embargo, nos comprendemos entre nosotros. Y seré necia y estúpida, pero insisto, no acepto ni quiero perder contacto contigo, ni lo que tenemos, porque sí.

Yo, en este momento y no sé hasta cuándo, no dispongo de un maldito celular para recibir tus llamadas, hablarte o, asimismo enviarte mensajes, sin embargo, tú tienes el número de mi mamá para mandar textos de cuando en cuando al menos y, también tenemos este medio, el internet, quizás, algún día, pero en honor a la verdad no me ilusiono mucho, como se dice coloquialmente:

"vieras tú la que se armó, por el bendito estéreo que me regaló mi mamá de cumpleaños".

La discrepancia no se hizo esperar...

Total, que a mi lo que me interesa que sepas es que te amo.

Aún imposible y lejana la esperanza de estar juntos. Que vales tanto para mi que quiero tenerte cerca y saber de ti, por muy lejos que tengamos que estar y por lo menos ser tu amiga, no acepto ni quiero renunciar.

Disculpa lo directo de la presente y lo que te puede incomodar, pero era de suma importancia que supieras por mi lo que siento.

Te quiero y siempre te querré.

Gabriela.

El Oro de Hidalgo, Estado de México, septiembre 30, 2014

Añorado corazón: Deseo y en verdad lo digo, que estés bien y que esta carta llegue llevando en ella un beso muy dulce y tierno, con mi bendición para ti. Saludos a tu familia, por favor. Es más fácil que brote una cascada en el lecho de un cañón y hacer que de ella nazcan caudalosos torrentes; y que con ello la naturaleza haga maravillas, que describir lo que siento en este emisario de papel, aún trayendo a la memoria los recuerdos, no se retrata lo que seduce, encanta, lo que se desea y hace vibrar y vivir en la magia de la piel con piel...

Me hacen falta tus ojos de niño, la calidez y el latir de tu pecho, tu modo de besar (vi escrito por ahí que besar es como beber agua de mar... entre más bebes, más sed te da... tengo sed de ti).

Trastocaste mi espacio y mi vida, rompiste esquemas y arrasaste con lo plano de mis juicios y por igual me regalaste conocimientos y habilidades, así como por ti, conocí otra manera de llegar al cielo... quizás, un trozo de cielo encarno en ti.

Llevo mucho tiempo ya, con el corazón lleno de ti, de lo que sentí, de tu infranqueable recuerdo y hoy por hoy tengo miedo, agonizan mis labios, se les fue la dulzura, la vida y su rictus amargo va de a poco y sin remedio reflejándose en mi cara. Te necesito, me faltas y saco a melancólicos suspiros el aire que me sobra, cuando el corazón necio me pide dejar de libar lo dulce de los recuerdos e ir hacia a ti para beber el vino fresco y embriagante (de lo que para bien o mal, amor y amigo mío) somos hoy en el presente.

Sin embargo, se castiga y se premia a mi amor y mi paciencia, con esquirlas y cristales de sueños rotos, que me lastiman y dejarán como ha venido sucediendo ya, más heridas y cicatrices, en este triste, fastidiado y olvidado trebejo de corazón mío.

Y es ahí, cuando pregunto ¿qué será lo mejor?, ¿tenerte a medias (con esperanzas hechas quimeras...) o no tenerte? (ni siquiera para hacer castillos en el aire, donde mis sueños aniden...)

La respuesta está en la frase misma.... Duele más tenerte a medias, que el no tenerte... ¿Qué te digo, que no sepas ya?... deseo con todas mis fuerzas verte de nuevo y que en algún momento algo de lo aquí descrito pudiera hacerte enternecer, como me sucede a mí, con sólo un detalle que evoque tu nombre, tus ojos, tu sonrisa, tus abrazos...

La desesperanza de la espera es muy cruel, ¿sabes?... La paciencia es una virtud, mi cielo, me he cansado de ser virtuosa... quiero ser tuya; para bien o lo contrario, para fortuna o no. Me cansé de despertar besando sueños, me he cansado de vivir sin existir, de saber ignorando, de hacerle el amor al aire y que el oxigeno de un gemir acallado, ponga mi corazón en llamas.

No eres tú solo el culpable mi vida, en mis hombros pesa también la culpa, con su rigor, pero tú ya sabes, cariño, que si yo sé lo que es el deseo es por tu culpa...

Por ese bendito momento de timidez, en el que me rebasó la ternura que me disté y yo te dije:" Si te doy un beso, ¿te tranquilizas?...

Y no sólo fue un beso, de ahí en adelante, fueron infinidad y otros miles que te quiero dar. Te amo, te necesito, como el rosal al agua y el mar a la sal.

María Gabriela Suárez Olvera.

El Oro de Hidalgo, Estado de México, octubre, 2014

Amado:

Sublime sueño mío, encantador caballero, te quiero decir en que alto concepto te tengo a ti; mi adorable ángel, Dios está contigo.

Varón de sonrisa amplia, yo te amo y quiero aprender de ti, lo que desees enseñarme, que me muestres tu dulce encanto por la vida, a ser simple, (sin complicaciones y agradecido) como tú, que has logrado tanto, siendo fuerte y luchador como un soldado, conocerte, en su momento me motivó, me dio fuerzas, para lograrlo yo también.

Dúctil y noble como los metales, dócil y travieso como el corazón de un niño, me regalaste muchas de las más grandes alegrías, me apasionaste (y lo sigues haciendo...); Mis ojos, eres valioso como el oro, brillante como la plata, fuerte como el bronce y buen conductor de catatónicas y electrizantes emociones (que tuve que acallar, guardar en lo profundo de mi corazón...) al igual que el cobre. Sedúceme, me encantaría eso, quiéreme con ese corazón de niño, de fuego y ternura apasionados.

Has sido (y eres) esas bellas notas de música, que provocan una hermosa ensoñación y me llevan más allá de la vida, a las ilusiones, a los sueños más hermosos (mis sueños de niña y mis pasiones de mujer).

Has hecho incluso que goce de mi soledad, que esta ya no me sea lacerante, por que se ha hecho cómplice de la inspiración que tu provocas, eres la música que me da el ritmo del amor. Dame tu calor, transparente y seductor, apaga mis ansias de mujer y déjame saciar tus afanes, con la caricia mutua de nuestros cuerpos, que al fundirse en uno solo... el sudor de nuestra piel, emanando el éxtasis.

Una vez comenzando, (si algún día sucede), no permitas que pare, no me dejes ir, no me permitas mirar atrás (porque tengo miedo, de lo que ignoro y tú sabes, de no ser, de no saber, como dice alguna canción...tengo miedo de ti ...). Átame a ti, hasta ver satisfechos y cumplidos nuestros deseos mutuos, por favor, te lo he dicho ya, conviérteme en lo que quieras... Dame tu sinrazón, hazme despertar con tu tibieza, con tu perfume de sándalo y amanecer. Con tu boca impaciente y tu deseo irrefrenable.

Estalla, saca por fin, todo lo contenido sin importar qué o porqué, se mío y hazme ser de ti. Sabe bien que es verdad que me apasionas, que te amo, pero te quiero feliz, por que vales tu peso en oro e independientemente de todo, te amo, té quiero y te quiero bien, por que no sé tú, pero fugaz no nuestro intento (sí se da) en mí al menos, va a trascender.

Gabriela S.

El Oro de Hidalgo, Estado de México, noviembre 11, 2014.

Hola amor; No sé cómo empezar, es más fácil destruir que crear.

Aunque así lo quiera yo, no se me dan las ideas, ojalá lo hicieran, como lo hace un rio que corre con el cause desbordado, luego de una lluvia copiosa y embravecida, (sin incluir los rayos, vendavales y otros tantos detalles, que ahora olvido, por no perder el hilo de lo que te escribo...)

Le pido a Dios N.S que te dé más salud y te abra los caminos que a mí, hace tiempo ya, me tiene vedados.

Parece pues, que debo una fortuna muy alta en adeudos propios y ajenos y por ello destruye mi voz o entre tantas ocupaciones lo mío no requiere de mayores atenciones...

Como sabes, el penúltimo mes del año es un mes de conjunciones, cambios y continuo movimiento, digamos, es el despeje del camino para el adviento, lo venidero del fin de año y principios del siguiente.

No me hubiese percatado de ello, si no fuera porque me puse a observar un buen rato, por algunos días para acá, el cielo y sus constantes cambios.

Aquí abajo, (aparentemente...) todo es igual o no hay gran novedad, pero en las inalcanzables alturas, las nubes y sus distintas formas junto con el viento y el recorrido del sol por la inmensidad celeste, hacen que constantemente cambie el paisaje, el entorno y se nos presente a la vista mirajes distintos a cada momento, sin percibir cuándo pasó.

Hace tan sólo hora y media, aún con nubes grises, el sol y su brillo se imponían abarcando el cielo con su luz a plenitud, y ahora, muchas nubes como flores de algodón recién cosechadas, que no han sido limpiadas, se funden entre sí desplegando un manto inmenso y frio en el cielo que, si miras bien, no sólo es gris, tiene trazos lilas, violáceos y unos chispazos muy tenues de azul, opacando al sol su grandeza y color.

Sin embargo, he ahí la "magia" es de día aún y según el reloj y su implacable correr son las 2:12 p.m.

Hace mucho frio, ya se siente el otoño, pero se abraza y juega con su hermano, el invierno como dos infantes a quienes el hombre, la humanidad entera en sí, no les es trascedente para ambos en sus conflictos, complejos y su autodestrucción.

Ellos juegan y comparten entre sí, como dos buenos niños y jugando con alegría cumplen su labor y le sirven a DIOS, su Padre y Creador.

Corazón, el escribirte me da algo de paz, es como una recarga de electricidad, en mí, para seguir adelante y tener paciencia.

Agradezco a DIOS, el don que me dio de hacer esto...no sabes cómo alivia...

Aún así el descontento no termina por irse, la melancolía me nubla la vista y la esperanza, me pierdo en la bruma de mi poca fe, me siento prisionera de mi propio ser y sin más ante la impotencia comienzan a aguarse mis ojos, se quiebra mi resistencia y empiezo a llorar y no puedo evadir lo provocado y llorar a medias, no quiere decir que en verdad me haya desahogado y la carga que implica mi sentimiento se haya liberado. Pasa lo contrario.

¡Paren al mundo, me quiero bajar, porque su inexorable girar, me va a aplastar!

Te amo y quiero que me olvides, te quiero alejar y no te puedo dejar; me siento morir un poco de sólo pensar en matar la ilusión que hace menos denso el aire y me ayuda a respirar, me permite continuar en medio de mi desconcierto, de mi vacío, del frio desamparo en el que me siento.

Yo en este momento tendría que estar abrazándote, conteniéndote contra mi pecho, sin embargo, parece que el viento sopla en contra nuestra, precioso.

Y unidos nuestros corazones, se apartan nuestros destinos, hacia el camino del olvido, pero por amor y por testarudo, este terco corazón, no se rinde, no se da por vencido.

En algún momento, quiera DIOS habremos de unirnos, para ya no separarnos. (que sea pronto). Aún en la distancia, te amo.

Gabriela Suárez O.

Poesía: Perspectiva.
Autor: MARIA GABRIELA SUAREZ OLVERA.
Vier/22/03/2019

Tu fabulosa llegada
Me ha aspectado el horizonte,
Mi perspectiva ha cambiado
Tú eres mi estrella, mi norte.

Era mi rutina, en grises,
De varios tonos,
Más me fascina el arcoíris
Que brilla en tus ojos.
Se forjan muchas ilusiones
En la paz de tu mirada,
Mi perspectiva ha cambiado
Y eso, me tiene encantada...

Al trocar mi perspectiva
Magnificando lo real,
Y es que, dentro de tus ojos,
Nace una aurora boreal.

Me fascina lo que veo

Y me gusta lo que siento
Es hermosa la perspectiva
De hacer y compartir contigo
Mi vida, mi tiempo y mis memorias.

Resiliencia

Permite recuperarte.
No dejarte vencer.
Manejar la presión.
Soportar la tristeza.
 Enfrentar los problemas.
Crecer a pesar de los problemas.
Vivir con sentido del humor.
Aprender de los errores.
 Controlar las emociones negativas.
Activar tus habilidades en momentos difíciles.

Sueño perdido

Se me fue el sueño,
Y no sé ya que hacer,
Se me fue el sueño
Y no quiere volver.
Sé muy bien
En dónde está

Y lo que está haciendo…

Se escapo hasta donde estas,
No encuentro la calma,
Pero tú ya estás durmiendo.
No te he visto
Y ya extraño
 De tus ojos, lo castaño…

María   Gabriela   Suárez   Olvera.   Mar.
/03/10/2018.

Sentimientos Delicados.

Delicados...
Sentimientos delicados
Que has convertido en
Sentimientos maltratados,
Por tu egoísmo
Y tu indolencia
Que crece y crece
Como en un muro la hiedra.

Delicados...
sentimientos delicados,
que no merecen haber sido devaluados
pues el camino de la inconciencia
es lo que acaba
con el amor y la paciencia.

Yo aún te amo
Pero no quiero
Que minimicen el valor
De lo que ofrezco,
Pues si lo hago,
Es porque valgo
Y porque sé que puedo dar
Lo que merezco.

Información sobre la autora

Nacida en la Ciudad de México, en la década de los 70´s a los cinco meses de gestación, lógicamente con los diagnósticos médicos de la época, era de esperarse no muy halagüeños pronósticos de vida, sino es que resultados funestos.

Ya que, si un bebé de siete meses de gestación nacido no espera resultados ni favorables, ni óptimos, es de suponerse que se espere menos de un bebé tan prematuro

Pero la fuerza de Dios y de la vida, más la fé y el tesón (me atrevo a llamarlo terquedad) de una madre, obran en conjunto auténticos milagros. Hasta hoy día, ha sido así, ya que, sin la resiliencia de mi madre y su sacrificio, no estaría yo devanándome los sesos; escribiendo lo que tienes hoy en tus manos

Mi formación académica comenzó En Estados Unidos, allí estudió inglés, el kínder y fueron mis primeras cirugías ortopédicas. luego aquí en México curse los estudios básicos de primaria, secundaria preparatoria, junto con las carreras técnicas en agronomía, inglés técnico con administración de negocios, la carrera de Secretariado técnico con inglés y computación y la última Armado y reparación de computadoras personales. Sin embargo lo que más me apasiona es la enseñanza del idioma inglés sobre todo a niños y adultos de la tercera edad.

Entre otras cosas las cuales he hecho y desecho en mi vida y que encontrarán escritas aquí en este libro el cual está hecho para que se identifiquen, rían, Lloren expresan todo tipo de emociones me mienten la madre y etcétera, pero todo es para ustedes y con todo mi corazón.

La discapacidad no nos determina, ni nos define, eso lo hace el corazón. Y si alguien no está de acuerdo que eche un vistazo a su underwear, yo sé que me entienden, con cariño, Gaby.